Inhalt

Branchenreport ENERGIE & ROHSTOFFE Ausgabe 2/2011

GENIOS BranchenWissen Nr. 11 vom 14.11.2011

Branchenreport ENERGIE & ROHSTOFFE Ausgabe 2/2011

Anja Schneider

Kernthesen

- Gemäß den jüngsten Beschlüssen zur Energiewende Deutschlands soll der Anteil erneuerbarer Energien an der Stromerzeugung von heute 17 Prozent auf mindestens 35 Prozent im Jahr 2020 steigen.
- Der politische Ausstieg aus der Kernenergie lässt ihren Anteil am Energiemix bereits jetzt unter die Zehnprozentmarke rutschen. Die Stromerzeugung aus Kernenergie verringerte sich im ersten Halbjahr um 36 Prozent.

- E.ON, RWE, EnBW und Vattenfall sind die vier großen Energieversorger Deutschlands. Die Energiewende schmilzt ihnen derzeit die einstigen Rekordgewinne weg.

Beitrag

Energieverbrauch im ersten Halbjahr 2011: Atommoratorium drückt Anteil der Kernenergie unter zehn Prozent

In den ersten sechs Monaten des laufenden Jahres reduzierte sich der Verbrauch an Primärenergieträgern nach Berechnungen der Arbeitsgemeinschaft Energiebilanzen (AG Energiebilanzen) gegenüber dem Vorjahreszeitraum um über drei Prozent auf 234,4 Millionen Tonnen Steinkohleeinheiten (Mio. t SKE). Dazu trug vor allem die vergleichsweise warme Witterung bei.

Im Energiemix macht sich jetzt das Atommoratorium deutlich bemerkbar: Der Beitrag der Kernenergie zur Deckung des deutschen Energieverbrauchs sackte um 14,9 Prozent ab. Damit rutschte ihr Anteil im Energiemix unter die Marke von zehn Prozent und liegt erstmals seit 25 Jahren im einstelligen Bereich. Nach Inkraftsetzung des Moratoriums Mitte März verringerte sich die Stromerzeugung aus Kernenergie um 36 Prozent. Die Nachfrage nach Steinkohle verminderte sich um 1,3 Prozent, der Mineralölverbrauch sank um 0,5 Prozent. Der Erdgasverbrauch sank um 8,6 Prozent. Der Braunkohlenverbrauch legte um 1,1 Prozent leicht zu. Die erneuerbaren Energien legten im ersten Halbjahr insgesamt um 1,6 Prozent zu. (1)

Das deutsche Energieoligopol hadert mit dem beschleunigten Atomausstieg

Bei den Energieversorgern schlug die erneute Energiewende der deutschen Bundesregierung ein wie der Blitz. Alle vier großen Energieversorger E.ON, RWE, EnBW und Vattenfall warteten mit katastrophalen Halbjahresgewinnen auf. Jetzt wird gespart, gekürzt und nach lukrativen Geschäftsbereichen gesucht.

E.ON ist Deutschlands Nummer eins im Energiegeschäft mit über 85 000 Mitarbeitern und einem Jahresumsatz 2010 von 92,9 Milliarden Euro. Im ersten Halbjahr 2011 lag zwar der Konzernumsatz mit rund 53 Milliarden Euro zwanzig Prozent über dem

Vorjahresniveau, doch beim Ergebnis sah es bedeutend schlechter aus: Der Gewinn vor Zinsen, Steuern und Abschreibungen (Adjusted EBITDA) fiel um 45 Prozent im Vergleich zum Vorjahreszeitraum auf 4,3 Milliarden Euro. Verantwortlich für den starken Gewinneinbruch macht E.ON die sofortige und dauerhafte Stilllegung der Kernkraftwerke Isar 1, Unterweser, Krümmel und Brunsbüttel und die Beibehaltung der Kernbrennstoffsteuer. Nun soll gespart und alles auf noch mehr Effizienz getrimmt werden. In Deutschland will sich E.ON verkleinern: Bis zu 11 000 Stellen sollen abgebaut werden, 6 500 in Deutschland unter anderem in der Zentrale in Düsseldorf. Potenzial sieht der Konzern im Kraftwerksbau und -betrieb in anderen Ländern. Mittelfristig will er ein Viertel seines Ergebnisses im außereuropäischen Ausland erwirtschaften, im Visier hat E.ON vor allem Brasilien, Indien und die Türkei. (2)

RWE, Deutschlands zweitgrößter Energieversorger mit einem Jahresumsatz von zuletzt über 53 Milliarden Euro und konzernweit über 70 000 Mitarbeitern, moniert ebenfalls hohe Belastungen durch den Kernenergieausstieg und weist für das erste Halbjahr 2011 ein um 33 Prozent auf rund 3,3 Milliarden Euro gesunkenes betriebliches Ergebnis aus. Der Konzernumsatz zeigte sich in den ersten sechs Monaten stabil 27,4 Milliarden Euro. RWE betreibt in Deutschland die Kernkraftwerke Biblis, Emsland und Gundremmingen. Nun sollen Unternehmensteile verkauft, Investitionen gekürzt, Personal abgebaut und Geld zum Schuldenabbau beschafft werden. (3)

EnBW, Energie Baden-Württemberg AG, der Dritte im Bunde, mit rund 21 000 Mitarbeitern und einem Außenumsatz von 17,5 Milliarden Euro für 2010, ist bei der politischen Energiewende am stärksten unter Druck geraten. Die Atomenergie hatte im Konzernportfolio einen Anteil von gut fünfzig Prozent. Nun stehen Neckarwestheim 1 und Philippsburg 1 still, der angestrebte Ausbau der erneuerbaren Energien kostet viel Geld und im Zuge der Rekommunalisierung brechen Kunden weg. Inzwischen haben die Unternehmenslenker die Weichen neu gestellt: die Wasserkraft soll ausgebaut werden, ebenso die Windkraft (Offshore-Windpark EnBW Baltic 1 und 2 in der deutschen Ostsee), in Gaskraftwerke soll investiert und die Zusammenarbeit mit Kommunen und kommunalen Unternehmen soll verstärkt werden. Im ersten Halbjahr 2011 konnte die EnBW ihren Umsatz um 5,1 Prozent auf insgesamt 9,4 Milliarden Euro steigern. Dagegen entwickelte sich das Ergebnis erwartungsgemäß rückläufig. So sank das operative Ergebnis vor Ertragsteuern, Finanzergebnis und Beteiligungsergebnis, im Vergleich zur entsprechenden Vorjahresperiode um 24,2 Prozent auf 878,1 Millionen Euro. (4)

Der schwedische Energiekonzern **Vattenfall Europe** war 2002 aus mehreren Unternehmen entstanden: den Versorgern von Berlin, Bewag, und Hamburg, HEW, sowie dem Braunkohle-Tagebaubetrieb Laubag und dem Kraftwerksbetreiber Veag. In und um Berlin ist Vattenfall der mit Abstand größte Stromversorger. Fünf deutsche Kohlekraftwerke unterhält der Konzern, der immer wieder für Schlagzeilen gesorgt hatte wegen der Pannen in seinen Atomkraftwerken Krümmel und Brunsbüttel. Der Atomausstieg drückte das Betriebsergebnis ins Minus. Die 700 Millionen Euro, die der Konzern investiert hatte, um Krümmel und Brunsbüttel zu modernisieren, waren umsonst. Mit rund 38 000 Beschäftigten machte Vattenfall 2010 einen Umsatz von rund 23,7 Milliarden Euro. (5)

Der deutsche Stromverbrauch lag nach Angaben der Arbeitsgemeinschaft Energiebilanzen im ersten Halbjahr 2011 leicht über dem Vorjahreszeitraum. Seit dem Atommoratorium importiert Deutschland mehr Strom als es exportiert. Die Stromimporte aus Frankreich und Tschechien haben laut Bundesverband der Energie- und Wasserwirtschaft (BDEW) um etwa 60 Prozent beziehungsweise 40 Prozent zugenommen.

Im deutschen Strommarkt sind rund 1 000 Unternehmen aktiv. Haushalte können Preise und

Produkte im Internet vergleichen und ihren Anbieter wechseln. In der Stromerzeugung dominiert klar das Oligopol aus den vier großen Versorgern E.ON, RWE, EnBW und Vattenfall. 74 Prozent betrug ihr Anteil an der Nettostromerzeugung Ende 2010. (6)

Deutschland hat in Europa den zweithöchsten Anteil staatlicher Belastungen am Strompreis. Nur in Dänemark ist es noch teurer. Steuern und Abgaben machen in Deutschland über vierzig Prozent des Strompreises für Privatkunden aus. Zudem unterliegen die Netzentgelte der staatlichen Regulierung. Auf sie entfallen zurzeit 24 Prozent der Stromrechnung. Die Kosten für Erzeugung, Transport und Vertrieb von Strom sind von 1998, dem Jahr der Strommarktliberalisierung, bis 2010 um 8 Prozent gestiegen, Steuern und Abgaben um 131 Prozent, der Strompreis insgesamt um 38 Prozent, rechnet RWE im Jahresbericht 2010 vor. (7), [Abb. 1]

Erdgas - Wichtiger Energieträger, doch wo geht die Reise hin?

Im ersten Halbjahr wurde Erdgas von der Industrie konjunkturbedingt mehr, von den Kraftwerken und den privaten Haushalten witterungsbedingt weniger nachgefragt. In Summe verringerte sich der Verbrauch in Deutschland im ersten Halbjahr 2011 um über acht Prozent. (1)

Die deutsche Erdgasbranche hofft, vom Ausbau der

erneuerbaren Energien in Deutschland zu profitieren - nicht nur bei Autos, sondern auch im Strom- und Wärmesektor. Das Rückgrat der regenerativen Energieversorgung soll die Gaswirtschaft sein, so blickt der Bundesverband der Energie- und Wasserwirtschaft (BDEW) in die Zukunft. Gaskraftwerke zur Stromerzeugung sollen Lücken in der Stromversorgung durch Wind und Sonne schließen. Im Wärmemarkt wirbt die Gaswirtschaft weiter für CO2-freundliche gasbasierte Heizungstechnologien und hofft, dass bei möglichst vielen modernisierungsbedürftigen Heizungsanlagen die Wahl auf das Gas fällt. Zudem will die Branche verstärkt Bioerdgas anbieten, vor allem für den Einsatz in Heizkesseln oder Kraft-Wärme-Kopplungs-Anlagen, also zum Heizen und zur Stromerzeugung. Vorantreiben wollen die Erdgasstrategen das Konzept "power to gas". Es gilt als wichtigste Zukunftsoption für die Gasbranche. Dabei wird unter Einsatz von (überschüssigem) Strom aus erneuerbaren Energiequellen zunächst Wasserstoff und in einem weiteren Schritt synthetisch erzeugtes Erdgas hergestellt, das wiederum ins Gasnetz eingespeist werden kann. Dieses so genannte EE-Gas oder Windgas oder Solargas kann eine wichtige Rolle bei der Speicherung und dem Transport von Energie übernehmen. Doch unterm Strich sind derzeit noch viele Fragen offen, wie es mit der Entwicklung des fossilen Energieträgers Erdgas im deutschen Strom-

und Wärmemarkt weitergehen wird. (8), (9)

Im vergangenen halben Jahr ist die Gasnachfrage in Europa um neun Prozent zurückgegangen, rückläufig war der Einsatz des Energieträgers sowohl in der Wärme- als auch in der Stromproduktion. Doch langfristig rechnet die Branche mit einem steigenden Gasverbrauch. Weltweit betrachtet steigen beim Erdgas sowohl die Nachfrage als auch das Angebot. Das Angebot und die Lieferbeziehungen haben sich durch die großen Mengen an Flüssiggas (LNG) und die riesigen Funde von unkonventionellem Gas (hauptsächlich shale gas) in den USA verändert. (10)

Die russische Gazprom und die norwegische Statoil zählen zu den größten europäischen Gasproduzenten. Die größten europäischen Gashändler sind Eon Ruhrgas und Wintershall. Marktführer im deutschen Gasgeschäft ist Eon Ruhrgas. Doch die Konkurrenz verschärft sich. Newcomer aus dem Inland und Wettbewerber aus dem Ausland - z.B. Gaz de France, Eni, Essent - sind scharf auf die Ruhrgas-Kunden. Die einst erfolgsverwöhnte Eon Ruhrgas ist zum Sorgenkind des E.ON-Konzerns mutiert. Die Gastochter beschert dem Versorger weitere Verluste. Wegen der ölpreisgebunden Verträge mit Gazprom rechnet Eon Ruhrgas in diesem Jahr mit einem Minus von rund einer Milliarde Euro, da der Gasanbieter die hohen Einkaufspreise nicht an die Kunden durchreichen kann. Umstrukturierungen stehen ins

Haus. So soll sich Ruhrgas künftig nur noch auf den Gashandel konzentrieren, der Geschäftsbereich Exploration und Förderung soll aufgegeben werden. Auch aus dem Gastransportgeschäft will sich Eon Ruhrgas verabschieden; das Gastransportnetz Open Grid Europe wird verkauft. (2), (22)

Stein- und Braunkohle - CCS-Gesetz von Länderkammer abgelehnt

Im deutschen Energiemix spielt die Kohle eine ganz erhebliche Rolle. An der Bruttostromerzeugung 2010 hatte die Braunkohle einen Anteil von über 23 Prozent, die Steinkohle fast 19 Prozent. Der Verbrauch von Steinkohle verringerte sich im ersten Halbjahr 2011 um etwas mehr als ein Prozent. Während der Einsatz in Kraftwerken um gut drei Prozent abnahm, steigerte die Stahlindustrie ihren Bedarf um rund zwei Prozent. Der Verbrauch an Braunkohle lag um 1,1 Prozent über dem Vorjahrszeitraum. Zuwächse gab es sowohl in der Stromerzeugung wie auch bei den Veredlungsprodukten. (1)

Die Bundesregierung hat Anfang August 2007 den Gesetzentwurf für den Ausstieg aus dem staatlich finanzierten Steinkohlebergbau bis zum Jahr 2018 beschlossen. Die Beihilfen für die schrittweise Abwicklung des Steinkohlebergbaus von 2009 an bis zum Ausstiegsjahr 2018 werden auf weitere 21,6 Milliarden Euro beziffert. In den Bergbaurevieren in

Ibbenbüren, im Saarland und der Rhein-Ruhr-Region arbeiten derzeit in noch fünf Bergwerken, einer Kokerei und Servicebereichen rund 30 000 Mitarbeiter. Die deutsche Braunkohle ist im In- und Ausland nach wie vor wettbewerbsfähig. Die drei Braunkohleproduzenten und Verstromer sind RWE, Vattenfall und die Mitteldeutsche Braunkohle AG (Mibrag). Sie befürworten den Ausbau der Braunkohle. Sie sei vor allem zur Absicherung der Grundlast notwendig. Das ist allerdings umstritten. Das umstrittene Gesetz zur Abscheidung und unterirdischen Speicherung von Kohlendioxid hat am 23. September 2011 im Bundesrat keine Mehrheit gefunden. Prompt ließ Vattenfall verlauten, dass ohne CCS-Gesetz keine neuen Kohlekraftwerke in Deutschland errichtet würden. (23), (24)

Mineralöl - Anhaltender Nachfragerückgang

Mit dem Verbrauch an Mineralöl ging es zwischen Januar und Juni um knapp ein Prozent nur leicht abwärts. Hohe Preise und der milde Witterungsverlauf ließen den Bedarf an leichtem Heizöl um knapp ein Viertel einbrechen. Dem stagnierenden Absatz an Otto- und Flugkraftstoffen stand ein moderater Anstieg beim Diesel gegenüber. Der gute Konjunkturverlauf, darunter in der Petrochemie, ließ die Nachfrage nach anderen Ölprodukten, vor allem Rohbenzin, deutlich ansteigen. (1)

Zwar wird weltweit weiterhin Öl nachgefragt, allerdings in geringerem Maße. Die globale Nachfrage nach Öl schrumpft. Kurzfristig liegt das am konjunkturell bedingten (schwache US-Wirtschaft, EU-Schuldenkrise, Aussicht auf nachlassende Weltwirtschaft) geringeren Verbrauch der Abnehmerbranchen, mittel- und langfristig an der zunehmenden Energieeffizienz und den zur Neige gehenden Ölvorräten. Sowohl die Internationale Energieagentur (IEA) als auch die Organisation Erdöl exportierender Länder (OPEC) rechnen für dieses und nächstes Jahr nur mit sehr geringem Wachstum der Ölnachfrage. (11), (12)

Das Angebot an Öl ist noch keineswegs knapp. Überkapazitäten infolge neuer Anlagen in Schwellenländern und hohe Lagerbestände lassen die Sorge um das irgendwann versiegende Öl zurzeit in den Hintergrund treten. Saudi-Arabien ist der größte Ölexporteur auf der Welt und hatte nach Beginn des Libyen-Krieges sein Ölangebot gesteigert, um den Ausfall libyschen Öls auszugleichen. Inzwischen exportiert Libyen selbst wieder Öl nach Europa. Zu den weltgrößten westlichen börsennotierten Ölkonzernen zählen Exxon Mobil (USA, 393 Milliarden Dollar Umsatz 2010), Shell (NL/GB, 218 Milliarden Dollar Umsatz), Chevron (USA, 201 Milliarden Dollar), BP (GB, 135 Milliarden Dollar) und

Total (F, 130 Milliarden Dollar). Hinzu kommen die Staatskonzerne aus Saudi-Arabien, Qatar, Iran, Irak, Kuweit, Venezuela, Brasilien und China. (25)

Erneuerbare Energieträger - Deutschlands Energiewende soll beschleunigt werden

Seit Ende der neunziger Jahre entwickelt sich in Deutschland der Markt für Strom aus erneuerbaren Energiequellen - also unter anderem Wasser- und Windkraft, Sonnenenergie und Strom aus Biomasse. Damals legte die rot-grüne Bundesregierung die Grundlagen, um Strom aus erneuerbaren Energiequellen wirtschaftlich produzieren zu können. Das Erneuerbare-Energien-Gesetz (EEG) garantiert seit dieser Zeit Mindestvergütungen für eingespeisten Ökostrom. In der jüngsten Novellierung des EEG, die zum 1.1.2012 in Kraft tritt, wurden insbesondere die Vergütungssätze für Geothermie und offshore-Windkraftanlagen deutlich angehoben. Damit soll diesen Technologien schneller zum Durchbruch verholfen werden. Gemäß den jüngsten Beschlüssen zur Energiewende Deutschlands soll der Anteil erneuerbarer Energien an der Stromerzeugung von heute 17 Prozent des Stromverbrauchs auf mindestens 35 Prozent im Jahr 2020 steigen. Bis 2030 strebt die Bundesregierung einen Anteil von fünfzig Prozent an, 2040 sollen es sechzig Prozent und 2050 dann achtzig Prozent sein. (13)

Wasser: Wasserkraft deckt derzeit weniger als vier

Prozent des deutschen Stroms. Doch Deutschland ist weitgehend flach und neue Stauseen werden kaum noch angelegt, die Wasserkraft hat daher nur noch geringes Ausbaupotential. Im ersten Halbjahr sank der Beitrag des Wassers (ohne Pumpspeicher) um knapp zehn Prozent. Weltweit betrachtet wird mit Wasserkraft der größte Anteil an erneuerbarer Energie erzeugt (Biomasse auf Rang zwei); 16 Prozent des global erzeugten Stroms stammen aus Wasserkraftwerken (BMU-Angabe).

Wind: Im ersten Halbjahr 2011 wurden in Deutschland 356 Windenergieanlagen mit insgesamt 793 Megawatt Leistung neu installiert. Im Vergleich zum Vorjahr bedeutet dies eine Steigerung um zwanzig Prozent. Die gesamte installierte Leistung beläuft sich in Deutschland damit zur Jahresmitte auf 27 981 Megawatt, die von 21 917 Anlagen erzeugt werden. Die Hersteller erzielten im Gesamtjahr 2010 mit der Produktion von Windenergieanlagen in Deutschland einen Umsatz von knapp fünf Milliarden Euro. Die Exportquote lag bei 66 Prozent. Rund 96 100 Arbeitsplätze sind in Deutschland der Windbranche zu verdanken. Die Arbeitsplätze entstehen in der Komponentenfertigung, bei der Errichtung der Anlagen und im fortlaufenden Betrieb und Service. Der deutsche Markt hat mit 4,1 Prozent der Installationen und 4,9 Prozent der Investitionen nur noch einen kleinen Anteil am Weltmarkt, gibt der

Bundesverband Windenergie an. Der europäische Markt entwickle sich weitgehend stabil. Nach der Halbierung des US-Markts im vergangenen Jahr habe sich China mit 50 Prozent Zuwachs mit großem Abstand als weltweit stärkster Markt etabliert. Für deutsche Hersteller bleibe China aufgrund von Marktbarrieren ein schwieriges Terrain. Für das Gesamtjahr 2011 rechnen der Bundesverband Windenergie und VDMA Power Systems mit einem Plus auf dem Inlandsmarkt auf rund 1 800 MW gegenüber 1 551 MW im Vorjahr. (14)

Die Top 5 Länder nach installierter Leistung 2010 waren China, USA, Deutschland, Spanien und Indien. Die Top 5 Länder nach Neubau 2010 waren China, USA, Indien, Spanien und Deutschland. (15)

Die Top 5 Bundesländer mit der größten installierten Windleistung sind Niedersachsen, Berlin/Brandenburg, Sachsen-Anhalt, Schleswig-Holstein und Nordrhein-Westfalen. [Abb. 2]

Zu den größten internationalen Herstellern von Windkraftanlagen zählen Weltmarktführer Vestas Wind Systems (Dänemark, Marktanteil 15,3 Prozent), Weltmarktzweiter GE Wind (USA), Gamesa (Spanien), Suzlon (Indien) sowie die chinesischen Hersteller Sinovel, Goldwind und Dongfang. [Abb. 3]

Die größten deutschen Windradhersteller sind Enercon (international Rang 4), Siemens und Nordex.

Sonne: Im ersten Halbjahr 2011 hat Solarstrom mit einem Anteil von 3,5 Prozent am Brutto-Stromverbrauch erstmals die Wasserkraft überholt. Bis 2020 könne der Solarstrom-Anteil auf mindestens zehn Prozent steigen, bis etwa 2050 könne sogar ein Drittel des Energiebedarfs auf der Erde von der Sonne gedeckt werden, wirbt der Bundesverband Solarwirtschaft. Allerdings muss realistisch wahrgenommen werden, dass die Anteile von Photovoltaik (Strom aus Sonne) und Solarthermie (Wärme aus Sonne) derzeit noch sehr klein sind. So lag der Photovoltaik-Anteil am deutschen Stromverbrauch 2010 bei rund zwei Prozent, der Solarthermie-Anteil am deutschen Wärmeverbrauch sogar unter einem Prozent. Solarthermie liefert Wärme. Bei solarthermischen Kraftwerken erhitzen Sonnenstrahlen über Richtspiegel Wasser, das dann eine Turbine antreibt. Photovoltaik liefert Strom. Solarzellen wandeln die Energie in Strom um. Über achtzig Prozent der Solaranlagen sind auf Dächern installiert.

In Deutschland gibt es inklusive Handwerk rund 15 000 Solarunternehmen, davon mehr als 350 Produzenten. Die Branche beschäftigt rund 130 000 Mitarbeiter (in Produktion, Handwerk, Vorleistungen, Maschinenbau etc.). Die deutsche Solarbranche erlebt nach dem Nachfrageboom von 2010 jetzt deutlich härtere Zeiten. Die Wettbewerber aus Asien sorgen für ein Überangebot an Solarkomponenten und fallende Preise. Gleichzeit schrumpft die Nachfrage in Deutschland und Europa. Die Förderung für neue Solarstromanlagen wird zum Jahreswechsel laut BSW um weitere 15 Prozent sinken. Damit wird die auf dem Hausdach erzeugte Kilowattstunde Solarstrom kleiner Solarstromanlagen mit 24,43 Cent vergütet (aktuell 28,74 Cent/kWh) und auf das Niveau von Haushaltsstromtarifen sinken.

Zu den namhaften deutschen Solarzellenherstellern zählen der Solarzellenhersteller Q-Cells AG, die Solarmodulhersteller Solarworld und Solon, Wechselrichterhersteller SMA Solar, der Projektierer Phoenix Solar und Komponentenhersteller Conergy. Doch nur Q-Cells zählt auch international noch zur Spitzengruppe. Global betrachtet kommen inzwischen weniger als zehn Prozent aller Solarzellen aus Deutschland, 48 Prozent dagegen aus China. Die größten chinesischen Produzenten sind Suntech Power, JA Solar, Yingli und Trina Solar. Auf dem Weltmarkt stark vertreten sind auch Taiwan mit seinen Herstellern Motech und Gintech und Japan mit Sharp und Kyocera. Der bedeutendste amerikanische Hersteller ist First Solar. (16), (17)

Biomasse: Strom wird auch durch das Verbrennen von Klär- und Deponiegas, Müll oder aus pflanzlichen Brennstoffen erzeugt - etwa von Holzpellets. Noch liegt der Anteil von Biomasse-Strom in Deutschland unter zwei Prozent, bis 2020 könnte er auf mehr als zehn Prozent steigen.

Kernenergie - Atom-Moratorium und beschleunigter Ausstieg

Die schwarz-gelbe Bundesregierung zog die Konsequenzen aus der Nuklearkatastrophe von Fukushima und vollzog einen deutlichen Kurswechsel in ihrer Energiepolitik. Zunächst verhängte sie ein dreimonatiges Atom-Moratorium für die sieben ältesten deutschen Atomkraftwerke und den Meiler Krümmel. Im Sommer 2011 beschlossen Kabinett, Bundestag und Bundesrat das sofortige Aus für insgesamt acht deutsche Atomkraftwerke, die übrigen neun Kraftwerke werden zeitlich gestaffelt in ihrer Laufzeit befristet, das letzte Kraftwerk soll 2022 abgeschaltet werden. Damit nahm die deutsche Regierung die erst im Herbst 2010 beschlossenen Laufzeitverlängerungen zurück.

Die Stromerzeugung aus Kernkraftwerken geht wegen des Atomausstiegsbeschlusses deutlich zurück. Im ersten Halbjahr 2011 verminderte die Kernenergie ihren Beitrag zur Energiebilanz um 15 Prozent. Nach Inkraftsetzung des Moratoriums verringerte sich die Stromerzeugung aus Kernenergie um 36 Prozent. Der Anteil der Kernenergie am Primärenergieverbrauch liegt mittlerweile bei nur noch rund neune Prozent und damit erstmals seit 25 Jahren im einstelligen Bereich. Zum Vergleich:

Deutschland erzeugte 2010 seinen Strom zu 22 Prozent aus der Kernenergie, die erneuerbaren Energien lagen bei 16,5 Prozent. (1)

Andere Länder setzen weiter auf Atomstrom. Derzeit betreiben laut Internationaler Atomenergieagentur weltweit 30 Länder 433 Kernreaktoren. Der Kernkraftanteil an der weltweiten Stromerzeugung liegt bei rund 16 Prozent. Große Volkswirtschaften wie China, Indien und Russland haben den Bau zahlreicher Kernkraftwerke angekündigt. 2009 lagen USA (104 Atomkraftwerke in Betrieb), Frankreich (58) und Japan (53) an der Spitze der atomstromerzeugenden Länder. China hat derzeit 11 Anlagen in Betrieb, aber bereits 12 neue in Bau, weitere 33 in Planung; weitere 80 könnten hinzukommen. Jedes der 27 EU-Mitgliedsstaaten entscheidet in Eigenregie über seinen Energiemix. Frankreich, Spanien, Großbritannien, Polen oder Tschechien stellen Atomenergie nicht grundsätzlich in Frage, Österreich und Italien lehnen sie ab. (21)

Der französische Energiekonzern EDF ist mit 74 installierten Rektoren der weltweit größte Betreiber und damit der größte Produzent von Atomstrom. Der Reaktorbauer Areva baut die meisten Atomanlagen (96 Anlagen weltweit, das bedeutet 20 Prozent des Weltmarkts). (18)

Rohstoffkonzerne - Wieder exzellente Performance

Die Bergbaukonzerne konnten die Wirtschaftskrise rasch abhaken und verzeichnen wie in den vergangenen Jahren glänzende Umsatz- und Gewinnzuwächse. Sie profitieren massiv von der stark gestiegenen Nachfrage nach Rohstoffen wie Öl, Gas, Kohle, Aluminium, Blei, Kupfer, Nickel, Zink, Zinn, Eisenerz, Mangan und Bauxit bei beschränktem Angebot und hohen Preisen. Zwar trieben Kapazitätsengpässe bei Personal und Material, höhere Kosten für Energie und Rohmaterialien und die teure Erschließung neuer Minen die Kosten nach oben, doch es ist genügend Kapital vorhanden. Einem Bericht der Experten von PricewaterhouseCoopers (PwC) zufolge haben die Bergbaufirmen weltweit im vergangenen Jahr eine spektakuläre Performance hingelegt. Die 40 führenden Unternehmen der Branche hätten ihren Umsatz auf 435 Milliarden Dollar gesteigert und damit das erste Mal die Marke von 400 Milliarden Dollar Umsatz übertroffen. Der Gewinn lag bei 110 Milliarden Dollar, was eine Steigerung von 156 Prozent gegenüber 2009 bedeutet. (19)

Die fünf größten Minengiganten sind BHP Billiton, Rio Tinto, Vale (ehemals CVRD), Xstrata und Anglo American. Deutsche Unternehmen, die selbst im Rohstoffgeschäft engagiert oder von dessen Entwicklung stark beeinflusst werden, sind beispielsweise die Deutsche Rohstoff AG,

ThyssenKrupp (Stahl), K+S (Düngemittel), Aurubis (Kupfer), Salzgitter (Stahl). Das rohstoffarme Deutschland ist angewiesen auf Partnerschaften mit Ländern, die langfristig den Zugang zu knappen Ressourcen sichern. Eine neue Partnerschaft mit der Mongolei soll die Versorgung der deutschen Wirtschaft mit Kohle und Seltenen Erden ausbauen.

EU und Weltwirtschaft

Die europäischen Energiekonzerne sind im Vergleich zu anderen Branchen bisher wenig international. Doch das ändert sich. Viele, auch die deutschen Branchenführer E.ON und RWE, sind im Ausland auf Einkaufstour unterwegs. Andererseits gibt es einen gegenläufigen Trend: einige EU-Staaten wollen gleichzeitig starke nationale Champions aufbauen. So betreibt Frankreich Industriepolitik in eigener Sache: Aus dem Gasriesen Gaz de France (GdF) und dem Versorgungskonzern Suez ist der nationale Versorger GdF Suez geworden, an dem der französische Staat beteiligt ist. Frankreichs Regierung hat sich damit neben Electricité de France einen zweiten europäischen Branchenriesen geschaffen. Europas größte Energieversorger sind die französische Suez/Gaz de France und EDF, die deutschen E.ON und RWE, die italienische Eni und Enel/Endesa, die britische Centrica, die spanische Iberdrola und die schwedische Vattenfall. Die europäische Kommission kämpft weiterhin um mehr Liberalisierung auf dem europäischen Strom- und Gasmarkt, mehr Wettbewerb und die Abspaltung der Strom- und Gasnetze.

Die Weltwirtschaft basiert nach wie vor auf fossilen Brennstoffen, allen voran dem Erdöl. Daher rangieren weltweit Ölkonzerne an der Spitze der Energieunternehmen. Die Ölnachfrage der Industrieländer geht tendenziell zurück, in den Entwicklungs- und Schwellenländern steigt der Verbrauch. Die größten Erdölreserven haben Venezuela, Saudi-Arabien und Iran. Die weltweit größten Erdölförderer sind Saubi-Arabien und die anderen OPEC-Länder, Russland und die USA. Die größten Energieverbraucher der Welt sind China und die USA; Deutschland liegt hinter Japan und Indien auf Rang 5. Global betrachtet spielen die Erneuerbaren Energien zwar eine wachsende, aber noch sehr kleine Rolle. Der Energie-Report von BP beziffert den Anteil der gesamten Regenerativen Energien an der Deckung des weltweiten Energiebedarfs auf derzeit 1,8 Prozent. (26), (27), (28)

Trends

Vision 2030: 25 000 Megawatt aus Offshore-Windanlagen vor den deutschen Küsten

Die Energieversorgung Deutschlands soll in den kommenden Jahren kräftig umgebaut werden. Die Atomkraftwerke sollen bis 2022 abgeschaltet sein. Die erneuerbaren Energien hingegen, die ohnehin seit Jahren im Aufwärtstrend liegen, sollen ihren Anteil an der deutschen Strom- und Wärmeversorgung hochfahren. Eine bedeutende Rolle in der deutschen Energiewende soll die Windindustrie spielen - und zwar mit Offshore Windparks, also Anlagen, die nicht an Land (onshore) sondern im Meer errichtet werden. Die Bundesregierung hat zum Ziel gesetzt, bis zum Jahr 2030 eine installierte Offshore-Windenergieleistung von 25 000 Megawatt zu erreichen. Diese Leistung entspricht der Kapazität von 20 bis 25 Kernkraftwerken. Der Anteil der auf See gewonnenen Energie an der Stromerzeugung soll dann bei voraussichtlich 15 Prozent liegen. In der ersten Jahreshälfte 2011 wurden fünf Windenergieanlagen mit einer Leistung von 25 Megawatt im Meer installiert. Damit waren Mitte 2011 insgesamt 54 Offshore-Windenergieanlagen mit einer Gesamtleistung von 210 Megawatt installiert. Im Windgeschäft ist Deutschland nicht allein. Auch Dänemark, Großbritannien, Schweden, Frankreich, die Niederlande, Belgien und China investieren bereits in Offshore Windanlagen oder haben entsprechende Pläne. (29), (30)

Zahlen & Fakten

Abbildung 1: Staatliche Abgaben machen Strom teuer

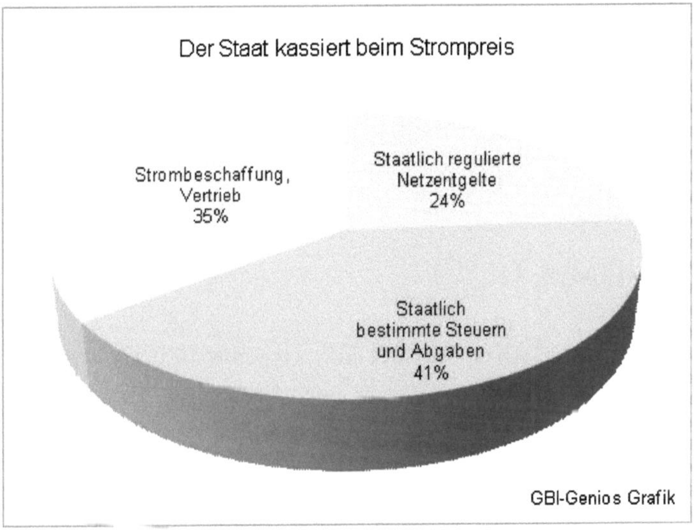

Quelle: Bundesverband der Energie- und Wasserwirtschaft, 12/2010

Entnommen aus: RWE Konzerngeschäftsbericht 2010, S. 4 (7)

Abbildung 2: Viel Wind aus Niedersachsen

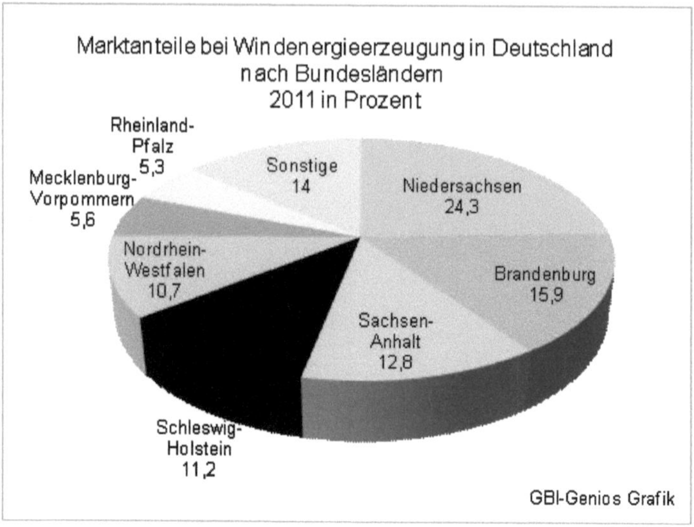

Quelle: VDMA, DEWI

Entnommen aus: Frankfurter Allgemeine Z

Abbildung 3: Top 9 Hersteller von Windenergie nach Marktanteil weltweit 2010

Rang	Unternehmen	Land	in Prozent
1	Vestas	Dänemark	15,30
2	General Electric	USA	9,00
3	Goldwind	China	8,90
4	Enercon	Deutschland	6,70

5	Suzlon	Indien	6,50
6	Gamesa	Spanien	6,30
7	Sinovel	China	6,30
8	Dongfang	China	6,10
9	Siemens	Deutschland	5,50
	Sonstige		19,5
	Volumen in Gigawatt		38

Quelle: VDMA, DEWI

Entnommen aus: Frankfurter Allgemeine Z

Weiterführende Literatur

(1) Daten. Vierteljährliche Daten zum Primärenergieverbrauch. Witterung und Moratorium verändern Energiebilanz. Daten für erstes Halbjahr/Anteil der Kernenergie wird einstellig/Mehr Erneuerbare
aus Kunststoffe - Werkstoffe, Verarbeitung, Anwendung, Heft 10/2011, S. 193

(2) energate-Hintergrund: Konzerne in der Energiewende (4) - Eon
aus energate vom 10.08.2011

(3) energate-Hintergrund: Konzerne in der Energiewende (3) - RWE
aus energate vom 09.08.2011

(4) energate-Hintergrund: Konzerne in der Energiewende (2) - Die EnBW
aus energate vom 29.07.2011

(5) energate-Hintergrund: Konzerne in der Energiewende (1) - Vattenfall
aus energate vom 28.07.2011

(6) Die geschwächte Dominanz der Stromkonzerne
aus www.powernews.org Meldung vom 01.09.2011 - 08:55

(7) Konzerngeschäftsbericht 2010
aus www.powernews.org Meldung vom 01.09.2011 - 08:55

(8) Neuer Aufbruch mit Gas
aus www.powernews.org Meldung vom 27.10.2011 - 13:11

(9) Erdgas - was sonst?
aus www.powernews.org Meldung vom 16.09.2011 - 09:04

(10) Europa verbraucht weniger Gas

aus energate vom 07.09.2011

(11) IEA: Ölnachfrage steigt weniger
aus Frankfurter Allgemeine Zeitung, 13.10.2011, Nr. 238, S. 13

(12) Erdöl-Nachfrage sinkt weiter ab
aus Handelsblatt online vom 11.10.2011

(13) Fragen und Antworten zu Energiewende
aus Handelsblatt online vom 11.10.2011

(14) Deutsche Windindustrie - Märkte erholen sich
aus Handelsblatt online vom 11.10.2011

(15) Statistiken. Welt Top 5 Länder
aus Handelsblatt online vom 11.10.2011

(16) International, D: Markt für Solarzellen 2000-2010
aus Frankfurter Allgemeine Zeitung, 19.08.2011, S. 19

(17) Solarunternehmen schreiben rote Zahlen
aus energate vom 11.08.2011

(18) International: Top 15 Länder nach Vorkommen von und Markt für Uran, Top Länder mit Atomenergieprogrammen 2007-2020
aus Wirtschaftswoche, 23/2009, S. 99

(19) Spektakuläre Performance: Allein die Top 40 der globalen Bergbaubranche machten 2010 435 Mrd. Dollar Umsatz vom 09.06.2011
aus Wirtschaftswoche, 23/2009, S. 99

(20) D, International: Top Kennzahlen der

Windenergiebranche 2001-2011
aus Frankfurter Allgemeine Zeitung, 26.08.2011, S. 19

(21) Kernenergie - Uneiniges Europa
aus GENIOS BranchenWissen Nr. 04/2011 vom 26.04.2011

(22) Eon Ruhrgas vor weitreichendem Umbau
aus energate vom 12.08.2011

(23) Hatakka: Strom wird mindestens 30 % teurer
aus www.powernews.org Meldung vom 20.10.2011 - 15:36

(24) Studie: Neue Kohlkraftwerke nicht erforderlich
aus WIRTSCHAFTS-INFORMATIONS-DIENST ENERGIE vom 17.Oktober 2011

(25) International: Mineralölindustrie
aus Frankfurter Allgemeine Zeitung, 24.06.2011, S. 23

(26) International: Top 10 Länder nach Erdölvorkommen 2009-2010
aus Frankfurter Allgemeine Zeitung, 27.07.2011, S. 11

(27) International: Top 5 Erdölproduzierende Länder 2010
aus Handelsblatt, 14.09.2011, S. 18

(28) Energieverbrauch steigt weltweit
aus www.powernews.org Meldung vom 10.06.2011 - 08:55

(29) Der neue Mix nach dem Atomausstieg

aus Welt am Sonntag, 13.11.2011, Nr. 46, S. WS4

(30) Aufbruchsstimmung in der Offshore-Windbranche - Viel Sturm um wenig Wind?
aus GENIOS BranchenWissen Nr. 09 vom 20.09.2011

Impressum

Branchenreport ENERGIE & ROHSTOFFE Ausgabe 2/2011

Bibliografische Information der deutschen Nationalbibliothek

Die Deutsche Nationalbibliothek verzeichnet diese Publikation in der deutschen Nationalbibliografie; detaillierte bibliografische Daten sind im Internet über http://dnb.d-nb.de abrufbar.

ISBN: 978-3-7379-1878-7

oder ähnliche Einrichtungen und die Einspeicherung und Verarbeitung in elektronischen Systemen.